I0492521

LA MARIPOSA

El resurgir de los versos más leídos

Siomara Henríquez

de Goldman

ISBN-13: 978-1981935260
ISBN-10: 1981935266
Copyrights© por Siomara Henríquez de Goldman
Editora: Ruth Nohemí Cardona Mazariegos
Licenciada en Letras / Universidad de San Carlos de Guatemala.

Primera edición y publicación, 2017, Editorial Buenabaj, Los Estados Unidos.

Todos los derechos reservados. Ninguna parte de este material puede ser reproducida de cualquier forma o por cualquier medio, incluyendo fotocopia y grabación sin permiso escrito del propietario del copyright. La autora es la única responsable de todo texto literario de este libro.

Este libro fue impreso en los Estados Unidos de América.

Para copias adicionales se puede hacer visitando, Amazon.

Índice general

Biografía

Mi nombre: Carmen Siomara Henriquez de Goldman, seudónimo: Mariposa

Tengo 41 años, nací el 17 de mayo de 1976 en la ciudad de Tela Atlántida Honduras, mis padres: Rogelio Henríquez García y mi madre Carmen Redondo. En 1995 me gradué de Bachillerato en promoción social, en el instituto Primero de mayo de 1954, en la ciudad de San Pedro Sula Honduras.

Trabajé para World Vision como promotora y facilitadora de servicio al cliente, en Yoro, trabajé en (ODEF) Organización de Desarrollo Empresarial Femenino en San Pedro Sula, trabajé para (ACPH) Asociación Cultural Popular Hondureña como promotora social con sede en Morazán Yoro

1996 ingresé a la universidad a estudiar administración de empresas por 2 años, carrera que fue truncada por la falta de recursos económicos, en 1999 decidí emigrar a Estados Unidos, estudié inglés como segunda lengua y computación, fui supervisora y traductora bilingüe de varias empresas: The Grand Strand

Company, supervisora en los Hoteles: Radisson, Sheraton Hotel y Sheraton Resort.

En 2014, un nuevo capítulo en el libro de mi vida se despertó, comencé a sentir el amor por las letras y a ver más allá del crepúsculo, observaba el cortejo de mariposas, el sollozo y fortaleza del arcoíris, empecé a ver el planeta tierra desolado por falta de amor, los niños de la calle embriagados de miseria y a las mujeres desmayadas por falta de respeto, fue así como empezó a llegar la musa de la inspiración y es de ahí que empezaron a brotar y florecer los versos, que con mucha disciplina decidí hilvanar poesías y levantar la voz por las que se han quedado mudas y mudos por la indiferencia, pasatiempo que realizaba todos los días por largas horas.

Mientras que en las noches trabajaba en la empresa de periódico Newspaper. Paso el tiempo, en la actualidad imparto clases de español en nueve escuelas de primarias en el estado de Sur Carolina, trabajo con el programa WL4K (World Language for Kids)
y sigo escribiendo.

Tengo 3 hijos, casada con: Adam Goldman

Escritora de poemas, historias y relatos Biografía

Participo para la revista: "Dunamis" que hace sus publicaciones impresas en Perú
Escribí para una emisora de radio en Argentina: Fm radio Speed.
He participado en muchos grupos poéticos a través de Facebook.
https://www.facebook.com/mariposa.redondo
Escribí y publiqué para la revista: Palabrerías que se publica en México
También tengo 4 antologías publicadas recientemente con la participación de diferentes poetas latinoamericanos, tales como:
-2a Antología poética de Radio cita con luna. Publicada en España y tres publicadas en México.
-Antología poética contra la violencia de género
-Te la haré de cuento
-Mi sueño hecho realidad

Semblanza:

Aquel día jamás lo olvidaré, mientras leía el libro: EL SECRETO, debajo de un árbol en la piscina de casa, ese día descubrí que, si alguien creía en mí, era Yo, que nunca desistiera de mis planes y metas. Empecé a soñar con un libro gordo de poemas y sembrar la semilla con todas las experiencias vividas en el trabajo social, por el respeto, aprecio al ser humano, al amor y desamor, los animales, la naturaleza, las estaciones del tiempo, los planetas. Etc. Recordar que todos somos uno.

Mis recuerdos de la infancia, la adolescencia, el detalle de no estar conectada con la tecnología me despertó el interés por la naturaleza, amor y admiración por las mariposas.

Concientizar es una cualidad que poseo con un conjunto de valores y principios de un buen sentido moral hacia los demás y una característica un poco, pero no menos diferenciadora y algo innato es la empatía y la comunicación con los demás, a través de mis versos.

Algo fundamental es la prudencia, la virtud que me ayuda a reflexionar y a considerar mis actos y en la soledad que es donde aprovecho para analizar mis obras escritas y en proceso.

Deduzco que mejor que crear un imaginario mundo con Eros o talvez dentro del océano.

Figura en mi la creatividad una de las herramientas a las que le debo a la hora de redactar todos mis poemas.

La pasión por la naturaleza y la vida en sí me hizo comenzar a hilvanar letras a escondidas desde la adolescencia, creo es un milagro que a pesar del tiempo la musa no se ausento para proporcionarme la inspiración

Colaborar para el universo es algo imprescindible, a través de los versos quiero dar el grito para que sea escuchado por los cuatro puntos cardinales y conseguir el cambio general que el mundo tanto necesita, aportando mi granito de arena en conciencia.

Siempre llevo en mente la frase que dice; "rol y persona deben siempre ir de la mano"

Ahora te invito a que te asomes a la ventana de este mundo para que seas parte de estos versos.

Agradecimientos

A Dios, por despertar la inspiración y vivir esta experiencia y guiarme por el sendero de las letras.

En honor a mi abuelo: Dolores Henríquez

A mi mejor trofeo, mi familia. Este proyecto no fuera posible sin el apoyo incondicional de mi esposo: Adam Goldman, mis hijos: Jassir, Fernando y Lester, y sin las palabras de aliento de mis adorados padres: Carmen Redondo y Rogelio Henríquez; mi suegra Gil Goldman y mis hermanos:

Kilvian Henríquez

Elsy Henríquez

Junny Henríquez

Delmis Henríquez

Anna Margarita Redondo

Moisés Rogelio Henríquez, y todas mis bellas sobrinas, sobrinos y cuñados, que son los que me alientan a realizar este fascinante proyecto, han llenado mi vida de comprensión y cariño.

A mis tías, tíos, primas y primos. A todas las personas que me han enseñado en esto que me apasiona, gracias.

Al equipo de profesionales que aportaron sus opiniones y revisiones de las mismas.

Luis Jr Febre, estudiante de literatura de Venezuela.

Juan Diego, diseñador gráfico de España

Miguel Ángel Pérez, poeta de República Dominicana.

Doralicia Hernández, poeta y promotora cultural Mexicana.

Leonel Vicente, escritor y poeta guatemalteco, quien me ha dado todas las directrices en el proceso de escribir mi libro.

A todas las personas que de una u otra forma creyeron en mí, y me acompañaron durante todo el proceso de mis publicaciones en las diferentes redes sociales, animándome y dejándome sus motivadores mensajes y comentarios.

Gracias a ti mi querido lector, por intervenir con tu valioso tiempo en leerme, aportando y dejando tus huellas, que fui acumulando en mi corazón, con mucha gratitud. Mis seguidores y compañeros de letras:

Apreciado lector, te invito a que continuemos una comunicación directa, a través de las redes sociales Facebook: También estará disponible en Amazon, donde podrás encontrar mi obra y en la casa editorial.

Prólogo

Cuando le preguntaron a Borges para qué sirve la poesía, él a su vez preguntó: para qué sirve el amanecer, las caricias, el olor a café. La poesía sirve para el placer, la emoción, vivir. Es evidente que la escritora resalta sus emociones, el placer de observar la playa; a través de la poesía se puede vivir momentos maravillosos.

Estimado lector, te invito a conocer a la mariposa, aquí surgen los versos llenos de placer, emoción, es mejor vivir para contar los más lindos momentos en versos, así es como surgió esta mariposa con los más creativos colores, a través de las letras.

La poetisa hace notar la importancia de la mariposa, su capacidad para adaptarse a cualquier clima se sitúa entre las criaturas con más éxito evolutivo de la tierra. Sin duda, simboliza lo feminidad, puesto que son las creaciones más asombrosas de la naturaleza, por ello son admiradas por su belleza y su poder de transformación y evolución en la vida.

En este poemario encontrará una gama de

poemas, que le permite disfrutar los más bellos recuerdos; así como nostalgia por su país que la vio nacer, Honduras; el lector podrá darle vida a ese cuadro lleno de sensibilidad, armonía en sus versos.

Su lenguaje poético, rima en sus versos, demuestra que estamos frente a una Mariposa apasionada por las letras. También se evidencia la preocupación por la salud de la mujer, en su poema: Tócate o te tocará. El valor de la mujer, la familia, entre otros. Sin duda, es una poetisa entregada a las letras.

Ruth Nohemí Cardona Mazariegos

Prosas
Mariposa

Amo las palabras de inspiración poética,
porque me provoca felicidad,
un día, de tantos años de dulzura,
se me fue el tiempo.
Resplandeciendo como plumaje de lectores
en la policromía que sale de mis alegrías.
Muy joven la bohemia con sus mejillas coloradas,
coloradas como arreboles, como mágica corocora,
de piel tersa como pétalos en primavera.

Se acomoda en la silla con sus suaves aromas,
renace como el primer día.
Con alas de color albo, me la encontré
con la estela de su figura
y con una lágrima larga,
se ve Ilíada con el certamen
de la isla de un escritor.

Inmortal es la musa de mi rocoso enigma,
que persigue los años de una triste bohemia
que su suspiro me asigna.
Verbo y sustantivo fluyen
y se ven en el oro de la luz solar;

las palabras en los papiros se abren
cual poros ante la intención
de no ver el espacio de las letras;
esas que cómo quisieras que fueran pupilas
y que nunca se han de cerrar.
Se me hizo fácil reír en el preludio
cuando encontré un trozo
de papel y un lápiz para escribir.

Sirena

Castizo diestro de ilativos versos,
con besos inéditos
que humedecen alardeando la tertulia;
se aparecen los poetas bajando nubes.

Las bohemias llegan con aroma de mariposas,
al estrujar las mañanas, al fusilar vidas
y dejarlas como marchitas gotas.

Cuando se marcha el amor, solo ven
brincar la lluvia por encima de las estrellas,
también rebota el firmamento al ver llegar
una dama que escapó del eclipse,
mas no se percató que sus piernas
serían cercenadas al cruzar la charca de la luna.

Con mucha angustia decide refugiarse
en la tempestad, deseando adormecer tan
hiriente dolor, mientras las ráfagas de viento
la arrastran llevándola al océano.

Desorientada, no sabe qué sucede,
se acurruca al umbral que está pegado en las
arenas, pensando que sus piernas tal
vez regresarán; ahí les espera,

como receta de encanto,
como encaje de anhelos,
como lexía serena,
como la ola al revés.

Se desmaya en un pusilánime apóstrofe
y al despertar le ha brotado una hermosa cola
de pez debajo de sus caderas,
convirtiéndose su cuerpo esbelto
en una enigmática sirena.

Versos amarillos

Me encajé en un camino de azaleas,
en el silencio doblado de un susurro que emerge,
donde cuelga la desidia del tiempo,
con un labriego de gemelos ausentes.

La cascada apareció mojada,
y unas rocas escuchan encantadas,
al ver el nácar con frescura de mariposas,
que olían a sorpresa y a brizna de montaña.

En la calidez de un suspiro,
se llenó la lluvia de ausencia,
y el campo con pasión disfrutaba el parloteo,
donde descansan las crónicas de la laguna,
allí se pulía un misterio,
se oían las playas rozando los copos
que pasan por las curvas de la llovizna.

Este verso es amarillo y frustrado,
por las pruebas que pasó
al elaborar el momento en que respiró
la suavidad de un poema,
se sintió exento en la ansiedad atrasada,
compleja, y se ocultó en el golpe del trineo,

cuando desfiló en el ajedrez
en medio de las alas del pavo real,
y se rebeló como insecto al borde
de la frontera y de la esvástica caracola;
sorprendida parpadeó la azalea al acaparar
el pudor de la ignorancia,
y el camino olvidado del poema.

Vació la fragancia y abrió el universo
como su hija frágil,
de apariencia sin límites,
aún con intrépidos baluartes,
pero así florecía.
Miré la flor serena,
infiltrada entre las sombras
y la acuné en un espacio bajo las nubes
que están en contacto con los cuentos
de la primavera.

Recorrí el fino sendero de un campo solitario;
la telaraña se teje lentamente,
en la garganta del profético castillo;
el castillo de las hormigas,
unas que parecen zombis con
insignia de pellizcos,
metidas en su albergue de tierras blancas,

en la estela sin delicia y sin sufrir un chasquido,
viven inertes y cabalgan felices,
en las cavernas nostálgicas de su vivienda.

Beso de la poesía

Has enamorado mis latidos con los versos que
resbalan, desde el cristal de tu respirar.
Haces derretir mis pulsaciones
como dos gotitas de agua,
mis labios están conscientes
del aroma de tu romance.

Te siento a pocos centímetros de mi corazón,
pero en la libertad que alumbras
con esa sonrisa entrañable.
Te siento con los brazos abiertos,
te descubro como el beso en una poesía,
quiero hacer de mis versos,
recuerdos y presentes.

Has mordido mis pasiones,
descubres la intención con que fabrico ilusiones,
aferrado a ese portal esperas verme
en las mañanas, y te sujetas fuerte
para conjugar los miedos
que disfrazan la realidad, para saciarte de mí.

Descubro en la vida un sueño,
y para soñar hay que vivir,
vivir enamorada entre mis antojos
de verte entrar en mis ojos
y del deseo que a mis labios provocas.

Me escapo con alegría al hacer contigo
una historia, así es como la pluma en mis manos,
se iluminan de poesía.

¡Cómo desearía quitarte el frío!,
me imagino dando vueltas
cual manecillas de un reloj,
mientras te lleno con el incendio
cortejante del tic tac.
Tiemblan mis manos al verte pasar por mi mente,
adherido a mi pecho y allí te dejo prendido,
en mi piel, para nunca abandonarte.

Ebrio plumín

Atraviesan la perfidia,
al despertar en el corazón de un verdugo.
Sedientas miradas, oprimidas caminaba la
mudanza de la oquedad,
se esconden del rastro borroso
en las dunas, entre retazos de altivez.
Bajo cántaros y sombras de pantanos,
se quitan las máscaras, dejando ver su faz.
Cuando divagan en el eclipse, se aposentan sus
labios en los mares y no mencionan nada,
se ahogan en el efluvio de una noche sin caminos,
parecida a un eco hambriento.

Inmortal y apacible es la lozanía,
de los valles telúricos
que envuelven sueños en las cúpulas que
enerva la brisa en un pedazo de liquen.
bajo la hoja inclinada del condado
se admira la pared de un alma confundida
y las miradas blandas que gravitan en las
antenas coloridas de la impasible
e inaudita sabiduría, fueron testigos
cuando se acomodó el ebrio plumín.

Ninfa

Viento cotidiano que pertenece
al dolor vacío de una primavera
en un jardín minúsculo.

¿Será que la metáfora se hincha como un leño
colgado, a punto de llegar al universo,
o será que es una playa derretida en el vapor,
donde la pradera se bebe el refugio
de un amor en los balcones rotos.

Una gran dama se ve, que es el alma de la
mente al desplomarse.

Es la virtud sumisa que encarna la esperanza
en una ninfa con rostro de crepúsculo,
donde cae como varita de acíbar
la criatura rendida.

Musa

La musa llega sin ser esperada,
como aire fresco, te atrapa con versos,
aunque no tengas donde acomodarlos.
Te abraza con primor, dejando marcada el alma,
aunque no deje huellas en el papel.

Te da un mensaje que a veces no descifras,
te regala versos en las calles transitadas,
en terrenos baldíos, donde no imaginas
dar la bienvenida a un poema.

Otras veces, está expectante a tu lado.
Y si la buscas, sólo se va, se aleja,
te deja el aroma de versos y el sabor dulce en los
labios.

Mi terruño

Con sonoro alboroto repasa el cristal
en una rama seca,
con alas que cubren mi tierra de gente humilde,
llena de amor, y en el alegato con mi papel,
regalo un baño de rosas en arista de espigas
al linaje fulgente de Lencas.

Entre mis dedos enfáticos,
riguroso se ve pulular el rocío de
las cataratas Pulhapanzak.
En las tardes bajo la sombra de las acacias,
hay cinco estrellas que flamean
en sueño con la bandera.
El arpegio del papagayo en la lontananza
de los manglares, exhorta a un viaje a estepares
del sombrío pico Pijol, vociferando llueven los
peces como suspiros de quimeras,
en la empatía con Yoro.
Irrefutables cual rama frondosa,
lindas zagalas cantan nuestro himno,
las garífunas adornando, no se mueven de
las costas, y reposan en cobijo del paraíso,
en el jardín de Lancetilla, con las oropéndolas
que se refugian como lienzo
en el querube de las silenciosas
y aromáticas montañas;
vuelan las mariposas y se duermen
en compañía de los colibríes en las hojas
del Mazapán, en las islas de Bahía y Roatán.
Con la especial fragancia que despiden las
orquídeas y las gardenias al recibir la luna llena,
sentadas reposan en Amapala.

En las noches de primavera,
el arte de los Mayas aún vive en
el silencio, al fluir la cosecha de maíz,
en lugares que sueñan con conservar inédito
el paraíso de frutas, la lexía del mar,
los lagos y los ríos.
En espacios de retóricas y graznidos,
con sutileza se despliega, la sopa de caracol
en un plato de Jamo.

En la espera constante, miles de brotes salen,
y absorben con sed,
al dejar sus huellas en cada espacio
forestal con el baile de la punta.
En unas horas de hastío se cubren en la estirpe,
la mezcla española y la realeza
Indígena que conservo en las venas,
las dos obtusas me vistieron en la cuna
entretejida, pero ahora, ni en un parnaso
puedo verter mis lágrimas,
porque mi ser extraña su belleza
contodos tus parajes.

Las rosas

El lenguaje de las rosas
son idolatradas
con los colores del coral.
Como mala planta que quiere ser buena,
aunque sea palo seco.
Una rosa se cree que es la creación del alma,
pero forma otra manera de ser y de su lenguaje,
pues es ética de un encuentro con el hombre
y el perfume que le sustituya.
Se enfada en trozos de días amargos sin un sol,
no sabe cómo dirigir sus pétalos.
Tiene libertad inexistente, es valiente
y encerrada en sus problemas,
de corazones con lágrimas y una sola luna,
demasiados sentimientos como de una verbena
con la cara lavada.
las rosas son
poemas
realidades
sentimientos
romances
encuentros
sueños,
un mundo,
palabras,

inspiración,
fragancias,
silencios,
alegran lágrimas agotadas
son filtros de aromas de noches íntimas,
son sumisas les quiebran sus ecos en los pétalos,
son agentes hechas para desojarse de amor
frente al viento, dentro del libro.
Se tuestan y como esqueleto se duermen en el
asfalto, terminan su drama y
retumban sus tristezas, en timidez de las musas.
Las rosas arrastran nuestros nombres como la
música que sólo nosotros podemos escuchar,
y despliegan abrazos por encima de las
fronteras, de la pasión que estalla
y se quiebra en besos.

Jardín en el otoño

En rimas de la Alameda,
vibrando con el albor,
se van produciendo abrazos,
y en la gruta de la noche despierta
un violento viento que entristece
mi jardín; veo que arrastra a las Monarcas,
se las lleva a un mundo de aflicción.
Con pálida indolencia,
los pájaros le cantan al jardín.
Llora, jardín llora, y deja que las manos
de los poetas empiecen a recolectar
la savia que atesoras;
deja que naveguen las quimeras,
con hojas tatuadas
en la piel del otoño.

Deja que las sombras inventen renglones,
esas sombras caídas en las hojarascas;
deja que las mariquitas se escondan
bajo el crepitar del frío.

Hazle ceremonia al viento, sé fuerte,
luce tu alineada silueta de ramitas desvestidas
con elaroma de hojas tostadas.

Indeleble y quieto, estaciónate,
que cuando llegue la primavera,
te pondrás tu traje de hojas nuevas,
te deleitarás con el rey sol.
Ilústranos con tus pestañas de ámbar,
al engalanar una majestuosa flor.

En la transparencia visible, con asechanzas de
escamas, disfrutarás del aleteo de las Monarcas
que regresan desde lejos, para disfrutar
de tu perfume, de tus néctares y pétalos.

En un apreciado momento,
se aparecerán los pájaros
entonando alabanzas,
y tejiendo nidos de algodón y paja,
armoniosos se unirán a tu corazón.

Lápiz malvado

Tengo temblor
en la voz,
han mutilado
mis versos,
ya las letras
no hacen ruido,
los párrafos se han
perdido.

Se me fue la inspiración
¡Yo sigo aquí!
mirando un cielo gris
extrañando el aire
que respira una codorniz.

Los poemas se arrastran sin
plumaje, quieren volar el paraje.

Un lápiz malvado las ha destrozado,
las palabras, ha borrado.

Sólo quedan las huellas
en la página y a su costado.
Ahora les falta mi amor
con sonido de color,

que resuciten las letras
y que vibren con fervor.

Una pizca de vida compraré
con dulzura consentida animaré.
Alargando las alas a la musa invitaré
que me devuelva la pluma, o la conquistaré.

Vergel de todos

Orgulloso e imponente,
 paraje de refugio ideal,
 luces un ambiente frugal.

Leyenda de feroces aves multicolores,
que duermen en las veredas
con pérgola de mariposas
del boscaje y el matorral.

Nadan las iguanas hasta
llegar al rio Cataguana,
capulines y rosaledas
florecen en primavera,
vuela el tucán, cantando,
por la catarata petenera
que alimenta a Morazán.
Mapaches y pijuiles hacen

cama en los guarumos, vestidos
 de bolsa larga en el nido de
 Urupas, esparciendo los insumos.

Vergel de escarabajo,
del mapachín y la Náyade del zorzal,
en un roquedal de cascadas,
se juntan las manadas
al pañuelo de mazapán.

Fastuoso forestal,
el calor del manantial
junto al dorado pastizal,
ostentosos capulines
 y oréades de chichicaste,
 acrópolis de mapache
 con recinto de tecolote,
 con floresta de insectos
 y con faquir del quetzal.
 Arcén de aguas lacustres,
 herbaje de chorchas,
 flora de alfombra,
 mantón de manila
 bordados con abejas,
 arañas, tábanos y espines.

La luna

Artificial sin luz propia,
mientes y resplandeces con el reflejo del sol,
como bola fría de metal, no tienes corazón.

Luna, no eres de miel, no estás llena,
ni menguante,
no desprendes la bondad,
no eres romántica, ni de cristal,
ni de queso, ni de pan.
eres ciega y prepotente,
eres hueca e incolora.

Tu presencia a veces tiñe
de oscuridad, las virtudes
naturales del planeta, así
como la fruta en los campos,
la calma de nuestro mar,
los volcanes y aguas dulces,
también a los animales.
Cansas las ramas, acelera vientos
y adormeces los pétalos.

El misterio que logro dilucidar,
y te concede el perdón
es que soportas el dolor

y guardas cicatrices en el alma.

Senil

La verdad por delante de la mocedad,
con la nostalgia y la expresión al revés,
se encuentra con su alma desnuda
de miradas que penetran,
recuerdo de sufrimiento que se reflejan
como faro con bombilla de defectos y virtudes,
de sabiduría y de vida.

El pasado lo ha tomado como premio del cielo,
su mundo ya no es lo que esperaba,
sabe que tiene el sendero por el labriego
del suelo.
Ha olvidado y perdonado las sonrisas
de la ofensa.
Día a día busca el amor en caminos escondidos,
en detalles de indulgencia, resiste lo que en su
mente anida,
pensamientos escalofriantes de muerte.
No sabe qué hacer.

"Abramos nuestros brazos y recordemos que la
juventud es pasajera".

La muñeca de mi niñez

Mi niñez con trenza de respeto,
como cuelga la mazorca seca,
y el beso de un gesto sincero
con el que perdonaba una ofensa.
Nunca conocí la muñeca del rencor,
ni el mandil del odio.
Mi inocencia no entendía de diferencias,
construía un mundo en piedras
de múltiples matices,
aunque me juzgará la trompeta de una cigarra,
por mis mentiras enigmáticas.

Ese era el conjunto y paquete de mi infancia.
Una incoherencia de la orquesta de
grillos, con las ocurrencias de mi ignorancia.

Los juegos materiales
eran los cantares de mi niñez.
Contar estrellas en un cielo despejado,
era mi lluvia de ovejas,
donde las ilusiones fueron prometidas
con la dedicación de mis padres
en esas horas monótonas
como ronroneos del reloj
que hacían mis noches menos tenebrosas y frías,

partían mi mente, los juguetes de la inocencia,
la sabiduría de la nada y la naturaleza
de mi ignorancia.

Lágrimas de mi libro

¿De dónde vienen todos esos ruidos lejanos,
esas voces del más allá, luz que alumbra
cual torrente de cristal en suaves murmullos?
Estallando sin medida, transparente,
el sol susurra y desmayando en un árbol,
afirma: "en la tierra no sé es de nadie".

Teme que una viruta de vida se le acobarde,
muere de tristeza, tiene heridos los rayos
y se le hace tarde.
Pide una señal, sin saber qué hacer,
mi oído se ha perturbado,
pero él quiere compensarme
con el último rayo de un recuerdo,
que llevará mi vida escondida,
prometiéndole a mis libros
que nunca se les escapará la poesía.

Vuelve la cara hacia mí, y sonríeme con el alma.
Perdóname sol brillante, que esta alegría casual

nos ha encontrado de nuevo
y tengo años esperando.
Te veré toda la vida, más no por la eternidad,
atiéndeme solo y a escondidas,
te regalaré mi amor, mi gran amor.
En lágrimas de mi libro, el que nunca
publiqué, tengo un secreto triste,
por poner un alma en libertad,
estoy enamorada de las letras, tus letras,
las que te tocan y se incrustan entre líneas,
con cada uno de tus versos,
los que has plasmado en añoranzas.

No me pidas que te deje, en este árbol donde
desvaneces, aunque no quieras regresar en la
noche, siento que todo no ha concluido.
 Sé de tus dolores, las nubes negras
de tu pena inmerecida,
Pero hoy, alimenta mi pluma y un papel.
Regálame antes de irte, una caricia de tinta
llena paz y amor, del último rayo roto
que te ha quedado fugaz.

Somos uno

(Autista)
Ecolalia de íntimo vivir,
apilas sentimientos en silencio,
un regalo es tu nombre,
y tu alrededor silente.

Tu aleteo de manitas son canciones.
Ruidos y luces te perturban,
 más a solas siempre ríes.

Borras todo paisaje de tus ojos,
 pero tu mirar es verso, hollando en el viento.
Sueñas al escuchar, amas sin condición,
tu voluntad es vuelo de infinita nobleza.
Doblegas corazones y enterneces las almas.
Tu espíritu es bastión de una memoria excelsa
y en tu pensar ausente, viajas profundamente.
Creas para expresarte, sometiendo la paciencia,
eres la vida nueva, Jowell Alicea, eres heraldo
y canto de un ignoto amor.

Luna llena

Los destellos son el aroma
de cupido, en rosas que se
abren y perfuman las almas.
Se atreven las gotas de rocío,
acogiendo el calor que se
entrelaza en las miradas como
cuerdas del violín.

Despiertan los botones de
gardenias, hace una
película en la mente, resbala
la musa en vibración.

En el silencio del jardín,
gime la rama frondosa:
el sentir y el palpitar del amor.

La luna llena se entroniza y se
sienta contemplando lo tibio
de la melodía que despiden
nuestros cuerpos ardientes,
en el escondite de lluvia, donde
el misterio se desvanece
al ver las llamas como claveles
en las bocas apasionadas,

que se han empapado con el
crepitar de un poema de amor.

Poetas sin fronteras
En un peculiar viento, voy a entrelazar versos
que se inspiran reviviendo el amor,
y protagonizan el reencuentro de las almas,
donde hay palabras y pensamientos que son
los que enamoran la poesía,
sin importar fronteras, o un punto de encuentro.

La vida sólo lleva frases y reflexiones,
y tal vez algo más que lucirá el poeta.

Poetas del alma somos, al lanzar estrofas
furtivas en la alforja dunamitera,
no abandonamos la fantasía de amar,
porque es un sentimiento y sueño del alma.

Sin prisa andamos anhelando la paz en el mundo,
marchamos en el presente sin pasado,
y sin evitar la música de todas las épocas.

Pensando en las lágrimas de pudor y de deseo,
se demuestra lo que es un refugio en el otoño;
así he de recordar que en es en la calma que

se encontrarán los caminantes de la pluma,
en busca del amor que algún día
protagonizarán como tú, mi poesía.

Lucirán las auroras bajo los efectos del café,
y entre lágrimas de luciérnagas y emociones,
vuelven a enseñarnos el reino del sentir
sin olvidar la iniciativa poética;
en colores se devuelve el amor, amor y más amor.

Somos uno, entre versos y músicas, como tú y yo,
en un mundo para amarnos;
para conquistar lo que provoca el corazón,
en el papel blanco, ahí destila la tinta de luz,
el poeta latinoamericano.

Lanzaremos los errantes abrazos,
que se cierren las grietas y las cicatrices,
que un día fueron abandonadas
con el esparcimiento de nuestros laberintos
y acertijos de versos encadenados por un mismo
sentir.

Amor en la distancia

¿Cómo te amo en la distancia?
Si no puedo sentir lo suave de tu rostro;
sino he acariciado el sabor de tus labios;
si nunca he llorado lágrimas en tu hombro;
si nunca he rosado tus mejillas;
si no he percibido tu perfume.

¿Cómo te amo desde lejos?
si nunca he sentido el viento
de tu locura de amor en mi cuello;
si no acaricias un sueño en mi amanecer;
si nunca hemos derramado una sonrisa en el
balcón me pregunto ¿cómo es que te amo?

Te amo, más que mi propio ser.
También te extraño, aunque nunca te he tenido,
solo entiendo que este amor me atrapa
y es más fuerte que las fronteras de la distancia.

Fantasías ocultas

Deslizan las cadenas por donde se ahogan
las mudas lágrimas;
en la íntima mustia rueda del destino.

Se atrapa la clemencia en este amor
de silueta noble, y con cuerpo a sabor de labios,
viajo en las nubes del placer, entrelazando
los lienzos y las huellas del recuerdo
que pregona el sabor a miel,
al ver las fantasías ocultas
y el cielo oscurecido ante oportunos halagos.

Repentinamente abracé tu pecho fulguroso,
que se veía en la almohada sombría de la cúspide.
Se sintió un torbellino de inocentes latidos,
lanzados desde un corazón, y la noche fuerte,
no se da por vencida, aunque se nuble la aurora.

En misterio permaneció la fragancia de un
perfume, como fuego en el viento se abrigaba
en cascadas de un majestuoso amor.
Plácida y lentamente, respire al zambullirme
en el río de tu pasión y a la tersura de tus besos.

En medio de sueños con abrazos azucarados,
y de un manantial que enardece el manjar
con que impregnas el placer de la melodiosa piel.
En el ansioso deseo de sentir, disfruto el
arrebato apasionado, gozando en el afable
y candente regocijo de amor.

México lindo

Llegan los ritmos del mundo
y se quedan a dormir,
en las caras sonrientes
del peñón de los verdes sueños.

En hastío y sin temblor vuelan monarcas,
desde California a la Sierra Gorda,
dejan sus asclepias, y llegan a Michoacán
a embellecer con el pincel,
el agremio de los siglos que vuelan
sobre el jardín, llegado del cielo,
y se quedan volando al abrigar muchos corazones,
con abrazos de lluvia, con abrazos de colores,
con abrazos de fiestas, con sonrisas de niños.

Cantan los ruiseñores, vallenatas y rancheras,
haciendo que las fronteras dancen,
al inyectarse se enredan las almas silentes,

llegando así los aromas de montañas y de flores.

México se lleva en el alma,
con el crepitar del viento,
con remolinos de melodías,
con degustar de sabores,
con serenatas de dinastía,
con pueblos de azucenas
con campos de amapolas,
con el verde del nopal.

México, canto tesonero,
cubierto con mandil y seda.
Eres de belleza gentil, magia noble
y cantos sublimes.
Eres tequila de jacal con mariachi y miel.
Patria llena de peldaños, tierra que enamora,
y con tus cabellos entonas,
belleza cultural de máxima expresión.

Aunque no soy mexicana,
pues Honduras me vio nacer,
sentidas son mis palabras,
que en versos abarrotados
expresan como floreas,
como espuma en tu horizonte.

Elevo mi voz, ante tus provincias,
ciudades y pueblos, en una serenata de júbilo.
¡Viva México!

Luna verde

Atmósfera perfecta
el astro modelo;
tengo las ideas nucleares
por caminos de algas,
que me llevan a rociarme
del paradigma de un poeta.
¡Bájame tu luz un poco más!
Tu sendero es puro y saeta, que
hasta la espuma se vuelve nata,
cuando de la mar se desata,
en los terrenos viejos baldíos
allí te postras dejando tu amor
con rocío.

Arrullas el campo con tu
hermosura, hasta las
caracolas marinas danzan
como sardinas.

¿Luna, qué poema vienes a indagar?,
¿Oh acaso quieres a una voz antigua

con viento fresco y amor puro?
Ve, sigue dormida y
vestida con tu luz.

Tengo cinco estrellas que son para ti...
te llevarán a soñar,
por el camino de cometas
y fosforescentes luceros
de astro sagrados y sinceros.
Una ronda harán a tu costado,
mientras duermas en tu verde cloroformo.
Dejaré que en mi placidez me abrigue,
que con tu luz de paz me conformo.

Otoño sin olor

Mi alma tiene síntomas de tristeza
y es que el otoño lo percibo en idiomas,
pero sin olor.

Ya no permitiré que mi corazón se anestesie,
uniré las letras con la naturaleza,
como amalgama de popurrí.

Sentiré el dolor de mis hermanos,
observaré, cómo se incapacitan las hojas
y se humillan rodando por las calles y senderos,

anunciando un fin fatal.

Se les apresuran los pies
y vuelan de pompa en pompa,
suenan como hojalata, sin saber a dónde van.

Están vulnerables, tímidas, envilecidas
y asustadas, no quieren dejar su casa.
Una vez que salen a la superficie,
se ven intocables, con agujeros y manchas,
despistadas, sin hogar.

Ya en el suelo, nadie de ellas se apiada,
aunque valgan porque existen,
se dejan arrastrar con la ayuda del viento,
se ven como arrecife sin rumbo y sin final.
Nos ceden la semilla de la predicción,
enfatiza, que la soledad no existe.

Falso rumor el de la gente,
que acaudalada a las memorias
en la añoranza con el otoño.
¡Respiremos y disfrutemos,
del manantial infinito de paz,
de riqueza con una vida natural,
eso es lo que las hojas rotas piden!

Artilugio

Escalinata de nube en el teclado,
entre contactos y lamentos saltarines,
despiertas las letras en versos;
despiertas el viento lento;
despierta a los truenos con lluvia;
despiertas fantasías en el océano.

Pavonada yace tu alma,
de tantos secretos que creaste,
en pedazos de cielo te alocaste,
como martillo al detallar
con tus teclas cada letra,
esas que robaste de las mentes
y se destilaron de los dedos.
En tu enjambre las acogiste,
en tus reglillas las acogiste,
en tu enigma las acogiste
y en tu dormida tanqueta
las transformaste.
Artilugio fijado en el rincón
de los recuerdos dormidos,
fuiste la mejor confidente.
Ahora permaneces, osada,
en medio de las flores
y de la senda del alma.

¡Cómo no recordarte!
si un día te vi triste en líneas de tinta seca.

Octosílabos
Me encontré conmigo

Me encontré conmigo,
y no me voy a extraviar
del espejo y su castigo
del mezquino rostro impar.

Me encontré conmigo
en mi propicio silencio.
No tengo miedo agresivo
al riel ni a nada..., sentenció.

Me encontré conmigo
en un entrañable abrazo,
en el sentir que persigo
dentro de penas y trazos.

Me encontré conmigo
en el camino que sigue
con lágrimas de testigo.
Que a ser ciega no me obligue...

Me encontré conmigo
para ofrecerme mi historia
con ojo de suave abrigo

con soledad ilusoria.

Me encontré conmigo
con el enredo de un guiño
bajo una lluvia de amigos
en ondulas de cariño.

Me encontré conmigo.
Hoy estrené el universo;
en mi reflejo contigo
en un minuto disperso

Me encontré conmigo
en los poros de mi piel
en el color que persigo
del infinito mar fiel.

No quiero perderme
ni volver a tener miedo
del reflejo de tenerme
en inédito denuedo.

Fue tanto tiempo perdido,
que ya no podía encontrarme,
hoy que ya me tengo, pido:
no marcharme ni fallarme.

Rosa blanca

Me emergí en el campo,
en tu aroma me estampo.
El corazón con que vivo,
Cardo ni ortiga cultivo.

Cultivé una rosa blanca,
la vi crecer en el jardín,
le rocié amor, día a día
hoy aprecio su armonía.

Rosa blanca, es tu vida,
de burbuja encendida
entre ramas enlazadas.
Cuál fineza halagada.

Tu vestimenta es pura
y es bella tu figura.
La sombra te tizna,
te roba pureza la llovizna.

Sostienes la llave,
el secreto y la clave
de un amor en silencio.
En la brizna que siento.

Alezos del recuerdo
añorando tu silencio,
de pétalos blancos;
con céticos ensueños.

Eres razón de lágrimas
amor eterno que animas.
Tu libertad real aspiro,
al mirarte yo suspiro.

Eneasílabo
Idilio de eros

Oh, grácil lugar de dejes
que abrió ventanas del cielo,
frágiles estrellas con velo,
sentir su beso, fue un viaje.
Vino con paquete tierno
con caricia y beso eterno
de desdeño..., llegó solo.
Chispa núbil de otro polo
con remilgo, amor alterno.

Con entrega de dos bocas:
(brindis que frisa la esencia)
mordió en secreto de herencia
con el fervor que provocas.
¡Voz de cupido, presenció!
Tus labios y mi silencio
el rozar, mi alma le aloca
su amor mi corazón toca
pronunciar, te amo..., evidencio.

Ya conquistaste mis labios,
le despertaste su esencia
a la autopista y clemencia.
Mi cerebro cedió sabio

a ese beso que le dieron,
rozó el alma y le cubrieron
tocando el idilio de eros;
viendo a mis labios severos,
dormir desde que nacieron.

Versos volando libremente

Mis hijos

Tengo tres grandes soles:
son mi alegría
son mis pensamientos
son mi vida
son mi motor
son mis tesoros
son mis versos
son mis amigos
son mis abrazos
son mi rayo de luz
son mi calma
son mi compañía
son mis hijos,
los que están en una gran parte
de mi libro de vida.

*Virum

Los seres humanos estamos acostumbrados
que solo las damas somos cortejadas
con poemas; se corteja a las
madres, amigas,
hermanas, entre otros. Al escribir habla
nuestro corazón. Yo soy diferente,
soy una mujer que no escribe grandes

poemas..., y lo que escribo lo
escribo por amor, para el
hombre que amo, por
ese hombre que
se filtró como
agua entre
mis manos;
quien
endulza mi piel, que viaja en mis sentimientos,
que vuela como pájaro enredado en mis
labios, que acaricias mis venas
como el mapamundi, el que
da calor a mi universo
con su amor, y el
que en sus
ojos me
puedo perder cautivada por su amor, esos ojos
que me llevan a la locura, ojos que sonríen,
pero al final su alma se enlaza a la mía,
para crear la mejor melodía, por
todo esto y más, te amo
y te amaré.

Lester

Hijo, hoy es tu cumpleaños
te dedico un momento especial,
porque cumples diez años,
y una nueva etapa va comenzar!

Para mí, seguirás siendo
el bebé, al que arrullé,
con mimos y ternura,
y en mi pecho te cuide.

Chiquito cariñoso,
de ojos pequeños y tiernos,
que con el paso del tiempo,
eres mi niño y mejor AMIGO!

Le pido a Dios que te proteja,
y te dé su bendición,
esta vida es muy compleja,
y hay momentos de dolor.

¡Querido hijo! deseo
que seas siempre feliz,
que nunca digas NO PUEDO,
porque es hermoso vivir!

¡Qué alcances siempre tus sueños!

que siempre creas en ti,
eres mi hijo, lo más bello
es que eres parte de mí!

Le doy gracias a la vida
y no puedo pedir más,
porque cambiaste mis días,
desde que fui tu MAMÁ.

Balsa sin agua

Rocé los tobillos al secreto,
al saborear el almíbar de un beso,
me gasté entre sombras y
neblinas, pero me llevé
lo tibio del deseo y entre
ráfagas del tiempo
dibujé el obraje de unos labios,
al ver pasar unas aves que se
perdieron en tus miradas
y en las mías.
No pude detener
Recuerdo esa noche, me acuñaste
en tu pecho con genuinas caricias,
y repoblé mis sentidos y partí
sin rumbo en tu oscuridad. Con
amabilidad, fui rociando versos

en tu cuerpo,
y flotando en cuclillas de un
limbo me vi, sacudida por
tu pasión, me perdí en mi drama.
El calor de tu alma cambió
mi rumbo como si fueras el
dueño de mis caricias, pero
no sabes que, a mí, una balsa
sin agua me basta.
Me importó qué es lastimar y
desaparecí de mis sueños,
porque vi que inútilmente
cambiaste el olor a mar,
por todos tus defectos.

Todo este escrito parece
absurdo, pero salió de una arena,
estando parada frente al mar
con mis altas y bajas.
como una colina ahí postrada,
solo recibiendo los rayos del sol
y una ventisca que se miraba
llena de misterio.

Te quedaste clavado en mi mente
como una escaramuza y yo

ahí enredada con tu obsesión,
te llevé dentro de mí, no sé
olvidar eso de cómo se encierra un
secreto al rascar
el amor para terminar.

Plumaje de lectores

Feliz de amar las palabras de inspiración poética.
Un día de tantos años de dulzura, se me
fue el tiempo resplandeciendo
como plumaje de lectores
y policromía que me
sale de alegría.

Muy joven vi a una bohemia con sus mejillas color
arrebol de piel tersa como la alfombra de
pétalos en primavera. Se acomoda
en la silla con sus aromas de
tesituras, renace como
el primer día, con
alas de color
albo me
la encontré con su estela de su figura, y una
lágrima larga le sale, pero sin dolor,
se ve Ilíada con el certamen
de la isla de un escritor.

Inmortal es la musa del rocoso enigma, que
indaga mis años de una triste bohemia
que sus suspiros me asignan.

Verbo y sustantivo fluyen y se ven en el oro
de la luz solar, con el corazón lejos con
dureza en los huesos, como las del
mármol, que no le da
lástima morir.

 Aplicaré estas palabras en los papiros como
poros asociados a la ceguera de no ver el
matiz de las letras, esas que cómo
quisieras que fueran pupilas y
que nunca se hubieran
cerrado.

Se me hizo fácil reír en el preludio, cuando me
encontré un trozo de papel y una pluma
para escribir.

Unidos somos uno

Dan muchas vueltas las tormentas y se
enredan en un trampolín, como pedestal
de amor en el ocaso y en las agujas del reloj,
se integran para la transformación y levantar
la bandera de la hermandad, se une el barlovento
en vibras de amor, un gesto que hace que
cualquier
lugar puede ser mi o tu casa, si eres tú o yo quien
abre la ventana. Aunque el viento diluya y la vista
se
nos desborden en lágrimas, se suelten nuestros
sueños
en una noche de otoño.

Un día, este trauma sólo serán evocaciones
desoladas
en vientos de otoño. Enviemos frescas ramitas de
aliento,
a la isla del encanto y que se encrespen los
poetas
por entibiar
los sonetos otoñales, al sujetarse la candente
estación del alma
del otoño.

En árboles enfermos se van los coquíes con sus
sueños perdidos,
soplan
los vientos desde el infinito resaltan los
laberintos y los héroes
caninos
se revientan en tristeza al encontrar ciudades y
humanos
enterrados
en colapsados acordeones, de tormentosa
melancolía, se han quedado
como mariposas sin hogar, perdidos, sueltos en
medio de la catástrofe, solo
con el hilo que sostiene al Cielito Lindo.

Unidos van a respirar un mundo nuevo y
tendremos el privilegio de cobijarte
en solidaridad, ver que te levantes y despiertes
en un sueño de una noche otoñal,
que reconstruyas tus sonrisas, aunque broten
historias de sismos en el viejo
San Juan y se haga viral el pánico en el universo y
en vientos de
nostalgia.

Frondosos y como niños volverán a nacer, suspira

Puerto Rico y sigue
brillando México, que con castillos en las veredas
y en refugios se acariciaran
sus almas, unidas desde el corazón, verás que
valdrá la pena, levantarse con
otoño en el corazón.

Musa de la sal

Marejada desnuda del presagio,
en las súbitas espumas resuena, obligada
en los vastos de leyendas, se rinde.

Se cosecha libre y aparece palpitante,
con expresión de pureza, resopla en un
estallido y se escapa con el silbido de la arena.

Torna como rosa de historia, y en el viento
saltan sus huellas saladas,
se afana en recuerdos de utopía y sale
de las profundidades, se retuerce a darle
cordura y sabor a los viajes del tiempo.

Para Romea

Miró una estrella bordada,
sobre el océano, llevando un
ruido que sólo tú puedes
escuchar, se ve como un beso retorcido
haciendo malabares en el viento,
y te duermes como una margarita
con el agua que acaricia y cruza,
por tu ventana, enamorada
como romea, como magnolia
roja que no existe, aunque te
enfades de delirio, no esperes ni
una caravana, suena mejor con
polvorones, porque no llegará
tu zapatilla, ni la música para ti
existe, ríe porque para ti se
derrite la fotografía, no es mentira,
esos rostros naturales están
perdidos, intenta vivir
si te queda el recuerdo de un beso,
o si te abrazaron por la vida,
o tal vez te queda el recuerdo
de un te amo.

Para ti solo viven las fronteras
y hasta lo arco iris se esconden

de ver tu soledad con o sede de
sentimientos, y como se estallan
los besos en el olvido, así es como
te ve el mundo, pero lo que realmente
eres, eres vapor de íntimo jardín,
como isla que se entrega al viento,
rompes velos solitarios,
eres un retoño dentro de ti, la luz y la seda te
alumbran, tú siempre serás
la romea, la princesa que brilla y que
reina la belleza que tu llevas
dentro, tienes un alma con fuerza
que clama desde arriba, eres la
que llevas el reinado en tu música,
sabes cómo ver una estrella
en una tarde aún soleada,
sabes diferenciar
la tiniebla de una lucecita.

El gemelo el planeta

¡En el pecho del orbe nación un gemelo!
es de largos pétalos y duerme en la galaxia,
con luz de jazmín y legar de agua cálida,
estrella espacial con similitud al rey del
esplendor.
Tiene el cuerpo de imán celeste
Su nombre brilla como flor de un encendedor.
Apareció para apoyar el orbe, con sus
ingredientes
vitales quiere abrazar nuestras vidas, ser el
incansable
rey del espacio, hangar tus suspiros, relucir con
tenor y
frescura con diamantes y rayos tibios de zafiros.

Acompañarnos en nuestra torre del
 pensamiento, sin hacernos llorar cuando
 el corazón esté asustado.
Rielar con los astros de nuestro lado,
como niebla se arremolina al soplo
de nuestro viento.

Mi luna menguante

Diferente, especial
cara tersa y
de piel fina,
nadie te escribe
por no estar llena,
eres casi invisible
Febe celeste decadente
calladita esparces tu luz
biselada figura rutilante
cintilar de cielo agonizante
tu estiaje de marea baja
disminuye el romance
borras recuerdos de las miradas
no sueltas el cielo nocturno
mantiene las almas en soledad
te fuiste a dejar lágrimas, heridas y
recuerdos, te
llevaste contigo mi corazón
esperaré que llegues pronto y te
cobijes a mi lado
¡te espero luna menguante!

Sé que pronto llegarás
te espero como hálito de vida
como gajo de luz

envuelta y afanosa
¡No me ignores!

Me siento a oscuras
y es que ya no me abrazas;
no me envuelves con tu brillo,
ni perfumas mis noches,
mis frases vagan sin rumbo,
y el viento pasa aturdido,
mis tardes son de llovizna.
Las hojas ruedan como guijarros
en el abismo,
conversan las gotas con las pálidas letras
que caen en el anochecer,
el océano ya no canta,
extraña el firmamento,
el aire está escondido vigilado,
por la noche, las olas no quieren producir
arena ni las orillas producen el olor de la húmeda
fragancia, las estrellas son las únicas que
agradecen que tú no estés.

Otoño

El crepúsculo se cobija en el espejo,
se estremece en lenguaje con torbellino
al cortejar en pedazos rozagantes
de dulzura.

En alarde flota, la ternura con hazaña
de frescura, se clavan los vientos al emanar las
horas que diluyen el verano
en cristales impregnados, así se levanta la
atmósfera
y sinuosas, se difunde colgada del evento anciano.

Se despliegan las hojas, se evaporan y avasallan
en las mañanas.
Sin esfuerzo alguno, el sol se niega a brindar
calor,
se esconde bajo las persianas al sentir la
frescura
del otoño y se deshoja en tiras de piano, danzan
los bosques, se perforan en melancolía con
matices
de color vino.
Induce la fortaleza con fervor, replican los
pinceles y
llora el arco iris:

en calles desoladas de espacio albino,
en flores con néctar sin dulzor,
en cataratas de agua envenenada,
en ríos embriagados de dolor,
en brisas cansadas de desmayar en
campanas;
en montañas flácidas por huellas nefastas;
en fronteras alambradas, por la ira
que contrasta;
en nubes vestidas de terciopelo;
en mares llenos de lágrimas sin pañuelos,
y en la mariposa con sonrisa guardiana.

No importa la edad para salvar vidas
El diez y nueve de abril,
domingo del dos mil quince.
Una mañana soleada en Puerto Rico,
se veía como todo un renuevo de aliños.

Un viento helado que marchita la flor,
así se vieron los movimientos de los pasitos
rápidos de mi niño IAN, solo tiene dos añitos.

Ante los presentimientos de su pequeña mente
se fue a visitar a su abuelita..., mientras los
sabinos la cimera con sortijas de oro merecían.

El cantaba, mientras sus piernas pequeñitas
subían a casa de la abuelita, cantándole a la
 eterna primavera, _Él quería que su abuelita
lo escuchara y lo recibiera, entró y buscó a la
 abuela Nilda en toda la casa, no la encontraba.
Mientras él la buscaba le seguía cantando.

Era diáfana la esfera;
perfumaba la flor, la flor de primavera a ver
donde te encuentro mi abuelita bella.

Las neblinas en la montaña se envolvían,
perfilando sus ojos y a lo lejos, se veía el valle
de una fiesta de reflejos, de frescura y de luz,
ahora IAN se quedó tan perplejo.

Llegó hasta el baño y por el espejo vio,
a su abuelita que estaba desmayada
y con su alma agotada.

_El mundo se le fue al cielo y al divino
creador pidió, cómo ayudaría a su
abuelita, pensó que se le iba de sus manitas,
desde luego su corazoncito se le salía del pecho
y la abuelita ya no respondía. _ En su mente
no se le cruzaba que la edad no importaba
para salvar una vida.

Los árboles, la brisa, el arroyuelo,
los nidos con su trino del polluelo,
las orquídeas con su olor _ Ian solo sonreía
de nervios y de dolor y no sabía qué hacer,
corrió..., bajó las gradas.
 y a su madre, ¡Auxilio le pidió!
Con la voz entrecortada <<gritó: mamita,
mamita, mi abuela está malita y necesita tu
auxilio ahorita>>

Corrían los dos "Ian y Elsi"
 _ Ian convertido en todo un héroe, se llevó a
 su madre a socorrer a la abuela…, apenas el
enhiesto botón, daba sus pétalos precoces para
reventar una flor.

Ian es solo un niño, ese día se convirtió en un
héroe,
supo reaccionar inmediato y buscar auxilio,
él está en botón y actuó como todo un gigante.

Príncipe Maya

No dejes que me vaya,
¿Qué es loque tanto buscabas?
Por favor, explícamelo:
¿Oh nunca supiste, ¿cuándo y que fue que me
pasó y cuándo te perdiste?
Pensé que me moría, si sabía,
que yo siempre, estaba primero.
Y tú sabias que yo era mejor, tal vez con
imperfecciones, y yo pensaba que tú eras
solo mío, mío, y que el amor es hasta el final,
en la vida del ser. Tan distraída, que no me di
cuenta de que esto es un problema de dos.
Tú me hiciste sonreír, me hiciste feliz, hasta el
momento en que no sé, me preguntó,
¿se escapó el amor en cadenas del tiempo?
Acepto el dolor en medio de muchas preguntas
sin respuestas, veo las palabras como estrellas
absurdas, y espero que
no se me ocurra esparcirte versos, eso sería
injustamente un sentimiento irracional, o tal vez
yo solo esté alucinando,
y sin temor a disciplina he dado cada uno de
estos pasos. Espero no volverme una necia con un
repertorio de sonrisas divinas. Aunque llegan las
madrugadas. Y te espero sentada en el escondite

del balcón, quiero llevarte con migo a un mundo
de alfombras y silencios desconocidos, tal vez allí
recuperemos ese amor prometido y el codicio
fementido de un abrazo de mi historia o tal vez
de mi destino en mi armónica mente, por no decir
otra cosa, se anidan cada uno de los muros
enredándose en mi mente recordando esos días
del diluvio y cómo el mundo nos fue separando
hasta dejarnos anclados uno en cada isla.
Sin encontrar el camino del regreso.
Sí, así parece que yo soy feliz, navegando en un
barco que me diseñó el destino. Sediento sueño
que ojalá un día olvidemos y amanezcamos o
aparezcamos en el escondite prometido, aunque
nada hemos encontrado a nuestra medida,
o muy poco hemos encontrado.

A este mundo hemos venido a darles la flor del
aprender. Pero no olvides que te amo
aunque lo nuestro es una infalible solución.
Y que lo único perfecto son las gotas de lluvia
cuando caen a humedecer mi rostro y a
enredarse en mis lágrimas con la clemencia de
una noche que hoy se burla
de mi desdicha, un día yo creí que era la
dueña del azul que tiene el cielo, que sí te quería

me querías, y que el amor era más fuerte que yo.
Que me sobraba corazón para quererte, te
imaginaba en una casita blanca, donde
fabricaremos solo álbum del tesoro que habíamos
armado por años. Ya no puedo expresar más,
es que, mis lágrimas se han entristecido
mi piel se ha marchitado
mi tinta se ha secado
mi corazón poco palpita
mi mente se quedó vacía y
mi alma ya no sabe qué sucede, y yo aquí te dejo
mi querido príncipe, sufriré en silencio para que
no te carcome el alma, ve invéntale a esta
historia un bonito final.

Honduras

Auspicias voces radican
en las combas de zafiros
y en los destellos de la
primavera.
Nubes se suman como
góndolas en sueños en el
campo con perfume de
follajes sin dueños.

Tiemblan las arpas al escuchar

la lira truculenta, como suena
rimando en un nido con ira.

Hace rebosar a la floresta en
arpegio de montañas cintilantes
y en una celestial nube color
de araña, suspiran en Honduras
los poemas sin pestaña.

Día del niño
En este día del niño
vengo a escribir un regalo
lleno de magia en mis manos
con letras y confites de sabores.

Con color a la infancia, que sean
felices. Ensucien sus manos de
juegos con travesura y de días
con dulzura.

Colorea tu lienzo
y olvídate del universo,
disfruta tu día, qué ser pequeño
se vuela rápido, se desvanece con la energía.

Atrévete a divertirte

que los días se agotan como hálito
sin fuerzas inventa tu inocencia
y vive tu jardín de la abundancia.

Revienta tu piñata y dale con asonancia,
tú que eres el adolescente, vuélvete hoy un niño y
olvídate de él, qué dirá la gente, ponle color a tu
pálida infancia, brinca el galopín de tu fragancia.

Qué vivan los niños,
los juegos,
la alegría
y su inocencia.

Pon tus piecitos en acción
llena tus manitos de color
y que viva el niño que mora
en mi corazón.

Un árbol se suicida

Al borde de la montaña
hay un viejo árbol
que sobre él desciende la noche,
sus hojas susurran con sutileza,
pero apenas puede oírseles.
Como una corona cubierta

por sus hojas caídas allí, yace
no puede ver ni oír, parece dormido
con corazón muerto y abrumado.

La brisa le sopla y suena como un niño
ahora las hojas en el viento le arrullan
en el silencio del campo.

La noche silenciosa se llena
de estrellas y la helada neblina
que se manifiesta en el anochecer.

El árbol gigante decide hoy su suicidio,
porque harto de estar ya seco;
sin pájaros, hojas, flores y frutos
sin esperar al hombre que le tale
sin esperar al viento que le arrastre.

Lanza su última música sin hojas,
solo crujen todos sus huecos de madera,
caen dos gotas de savia todavía
cuando estalla su tallo por el aire
los coyotes y venados tiemblan;
los conejos todos asustados
presintiendo que es algo de belleza
que ya se muere;
corren todos a observar,

unos lloran sin cesar,
y es que su casa ya no está
no saben cómo actuar
tampoco pueden ayudar;
él decidió su vida arrancar
ahora todos ellos se miran
sin parar, con ojos grandes
sin parpadear
tienen que recorrer
a buscar un nuevo hogar.

Soy la niña
Salen versos idiotizados
al explotar el volcán del
tiempo.
Te dije:
Soy la niña, corriendo deseosa
de perderme en el
vaivén del saturado bosque,
de acercarme al torrente
y riesgosa cima de la frescura
que mueve al corazón.

Soy la niña, queriendo morir
en lo espeso de verdes dudas
al aferrarme en lujuria del recuerdo

que desespera la cordura y pasión
de ardiente locura.

Soy la niña, queriendo abrir
el libro en el gigante bosque
escaso de la esencia del que
me veo a mi misma.

Soy la niña, tierna, pero con
corazón dramático y aplastado
por el instinto y cubierta de la
infinita ternura en el castillo.

Soy la niña, de corazón escaso
y reventado en trastorno de
desventura, te he cambiado
por lágrimas al ver la sorbía
sepultura.

Volando constante

Igual que una oruga, les digo
de todo corazón que quiero verme
transformada rápidamente, en mariposa...
Una magnífica mariposa, voy a echarme
a volar hacia una nueva vida, para formar
un nuevo aire que me mantenga constante...
transformar una nube que me sostenga a
cada instante, verme realizada en un paraíso,
donde la primavera sea permanente.

Abanico de mor

Enredada
en las hojas
del amor me
encontré
besando los pétalos
que acaricien
el árbol de la razón
que besé.

Lo abracé fuerte y le dije:
quiero que me digas si hay algo en
las ramas de la pasión ven y
acaricia las manos con las raíces
que se mueve en el alma de la

eterna sensación, ésta que
duerme en la almohada de
nuestra relación.

Mi corazón se alegra cuando
se habla de un brote con sabor
a beso, el que se anuncia con el
ruido del suceso. Sentadita
esperaré en la sombra que se
dibuja en la tierra con aroma
y el sonido que despide el
corazón.

Veo que vuela un ave, con cuerpo
de cristal con alas de realeza
y lleva en el pico un mensaje
con la palabra: Te amo.
Esta palabra que quisiéramos que
nos susurren al oído
por la eternidad, pero con sinceridad.

Acrósticos

La primavera

Los jardines están de fiesta y
alegres se abren las flores, con

primor se inspiran los poetas, donde
renuevan su verdor, buscando e
instalan nuevas frases con
mariposas multicolor. Derraman sus
aromas, como saetas en los campos.
Visten al cielo con pétalos y
encajes de plumas, con nidos de
rosas y margaritas que abrazan al
arroyuelo, anunciando…,
¡La primavera llegó!

Día de la amistad

Del árbol nacen varias hojas, sale el
invento que sopla entre la
alegría y la gratitud, al

descubrir que el reino es
evidente en el silencio de

la casualidad, cuando las
almas se unen al jardín;

afloran y se juntan al
misterio leal, con bondad de
instinto puro, sincero y de
sentimientos que destilan en
total, armonía, así perdura la
amistad cuan regalo que emana
de un amor de árbol gigante.

Feliz día del padre

Felicidades
En este sagrado día,
Les deseo que su
Imagen sobresalga como el
Zafiro triunfador,

De perdurable sostén, té
Identificas con el lucero
Audaz, porque ofreces un amor

Doble, sin interés ni
Enigma, amas como
León, protector de tus críos.

Padre, se te llama, porque
Acobijas el hogar,
Defiendes tus
Retoños, este día te
Elogiamos, no te vayas a ahuyentar.

Poetas, letras y versos

(P) poesía de luz con jardín celestial en
(O) oda lírica de dulzura con el
(E) espíritu de poemas
(T) te formas de endebles
(A) acrósticos inspirados con
(S) sonrisas de bienvenidas, y

(L) latidos de musas y quimeras
(E) estrofas traspasan las ideas
(T) trovas de brisas imaginarias
(R) redondillas de coral con sueños de
(A) asonancias, despertando los
(S) sonidos alejandrinos

(Y) las baladas de rayos rítmicos con

(V) vidalitas entonadas este día
(E) embellecen el alma de aurora al
(R) reflejar e irradiar a los lectores, de
(S) sáficos en armonías de titilantes
(O) ondas luminosas y poetas con
(S) sonetos de cristal, hoy te festejan.

Sashel y Nataly

Sashel
Sabes princesa,
Ayer, justo pensaba y
sabía por una razón que
hoy era tu cumpleaños y
empecé a escribir y a
leer sobre tu natalicio.

Nataly
Naciste un día como hoy
Alrededor de mil flores o
Tal vez al final del mes, pero
A principio de primavera.
Lógicamente es lo que
Yo quiero decir:

"Feliz cumpleaños princesitas"

Eres un Ángel

Emociones de cristalinos
Ríos con cauce sereno, de un
Eterno trayecto, que circula en
Sintonía, cuando vamos sin

Un rumbo de amar, donde
No se desvía la historia del

Ángel y su latido, el que ha
Nacido en armonía. Ya he
Grabado la certeza en hojas
Efímeras, de ésta fina pluma con
Letra del manantial de amor.

La navidad

(Te envuelve de amor)
Te envuelve de amor al
Esperar los regalos en la pastorela, que

Envueltos llegan por la chimenea, eso
Nunca faltará, e imaginarse
Ver al niño nacer, al sonar
Una campana y ver la nieve
Esparcirse y el árbol resplandecer con
Lágrimas de luces que abren la

Ventana con turrones de paz y la luz de
Esperanza esa que alimenta el amor de

Dios, él nació en un pesebre cuan viento
Eterno, donde lo acobija el firmamento, el

Armonioso cielo dio olor a mirra al ver al
Mesías espolvorear la fiesta con
Ondas y aroma a pino, ahí es donde
Renace la brillante estrella de Belén.

Amor libre
Amanece la fortuna en el
Mástil del ocaso lleno de
Odalisca al ajustar la
Rama incierta, se descubre.

Libre y concurre al
Inestable freno del Baladí. Aserta el fortuito
Recuerdo en un suspiro y
En el idilio de efable abismo.

El amor de mi vida

En estos días he viajado por el sendero de
La vida para conocer a plenitud.

A ese alguien que con una palabra y una
Maravillosa sonrisa me ilusionó mirarle sus
Ojos, pidiéndome despertar el
Recuerdo de lo que es amar.

Desde cuando yo le esperé y que
Estuviese aquí a mi lado, brindándome la

Muestra de su agrado, con ternura e
Ilusión quedándome a tu lado, eres mi

Vida y mi amor, gracias a que te he encontrado
Inspirado a mi te has acercado, dando sabor a
mis
Días de un triste y vil pasado, llenando de
Alegría y borrando mi pasado.

Tanka
_I_

Clamor se escucha
en el cielo de noche,
se oyen los ruidos;
está triste el planeta
por el destino incierto.

_II_

Suspira el aire
se desliza el rocío
y llega al río,
se cruza por el valle
desemboca en la playa.

Trisílabo

Suspira
la diosa,
los versos
del clavel
y el viento
del campo
destruye
su olivo
del vergel.

Décimas
Lirio

Efluvio de jardines
cuál refugio de mito inerte
el ánimo te convierte,
la sensibilidad con clarines
del poder en los confines,
que perfuma los papiros
y da aliento a mis suspiros
al rebozar con fragancia,
de parajes con jactancia
en mensajes con zafiro.

Mamá

En el cristal de luna
te imagino ese día,
que mis ojos te vieron
tal rosa yo en la cuna.
Mis manitos tomaste
tu pecho, me brindaste,
me sentí en una nube,
y postrada en tu cielo
tras mantas y pañuelos,
indefensa me abstuve.

...

Ni el viento soportaba
por ser tan delicada,
como pétalo tibio.
Me enrede con alivio
y en pinino calmaste
con bielden de nobleza
tú mi cielo y certeza.
mis pasitos miraste,
Inciertos y tan frágiles.
! Enfrenté el caminar;

...

Con caricias del mundo.
Bajo sábanas ágiles,
en hálito confuso,
mi madre fui a besar.
¡Un instante bastó!
por si aún tienes la duda
tú, quién deslías mis anclas.
¡Eres mi ángel sin duda!
Bendito el amor
merece mi mamá.

Corté el amor

Magia que duele caudales
enjaula a este lugar.
Até los ecos para domar
los que se han vuelto rivales,
mi mente se ha colmado
del fundamento estampado,
que dio cuerda a mi universo.
En libertad me disperso,
al viaje que he frenado.

Tu nombre…, seco planeta,
me dejó andando sola,
con cicatrices que insolan
y el alma que se me agrieta
de pasos que vomitaste
como nubes pardas sucias.
¡Te largaste sin astucia!
No le encuentro tu contraste:
Queriéndome y me dejaste.

¡Mi tú…, aún muere aquí adentro!
Te prendías como arpón,
las heridas del encuentro
que escupió mi corazón.

¡El amor de mi sentir
de morir para vivir!
Corté el amor desde adentro

Sagrado niño
Del efluvio de mi jardín
se ve el sol en la nevada,
de la violeta preciada,
del aroma del jazmín.
Hay un céfiro con armiño
desde Belén se congrega
se despliega y se sosiega
en este sagrado Niño,
reina el divino Mesías
y en el establo ha nacido
y se ha quedado dormido
en el pecho de María.

Ovillejos
Coriza

¿Y quién más está feliz?
Nariz
¿Y quién es, del sol, la fragua?
El agua
¿Y qué es lo que le ocurre?
se escurre.

El viento nunca se aburre
con mi cara colorada
afónica y bien hinchada;
Nariz el agua se escurre.

Locura

¿Porque tan distraída?
¡Perdida!
¿Qué es la tinta de figura?
¡Dulzura!
¿Tienes la piel del libro?
¡Yo vibro!

Con las letras te descifro.
Se me agotan las hogueras,
ver los ojos de las fieras
¡Perdida, dulzura yo vibro!

¿Qué sabes de la locura?
¡Criatura!
¿Te gusta mover la tinta?
¡Qué pinta!
¿por qué te duele la vida?
¡Movida!

La escuela va incluida
con el cuerpo de la pluma
se estira como espuma
¡Criatura, que pinta movida!

El amor afina

¿Cómo es un día perfecto?
¡Afecto!
¿Qué jugaría el actor?
¡Amor!
¿Cambiaría la rutina?
¡Afina!

Lápiz cristal..., adivina,
diciéndote la verdad
que un abrazo de bondad
afecto y amor afina.

Amigo en la distancia

¿Ves mis ojos un segundo?
¡Profundo!
¿Ves el desierto a tu lado?
¡Aislado!
¿Quieres brindarme tu abrigo?
¡Mi amigo!

Insípido aire fustigo,
el distante amor, sin viento,
tu cariño con aliento
profundo, aislado, mi amigo.

¿Nos separa la distancia?
¡Falacia!
¿Qué tratamos mitigar?
¡la mar!
momentos buenos y tristes...
resistes.

Los océanos envistes...
¡nuestras vidas tan lejanas!
Con voces suaves, afanas
falacia del mar, resistes.

El invierno

Por qué siempre nos ocurre,
aburre.
El ave no tiene vida
y anida.
El invierno está al revés,
a pies.

El viento va muy cortés
y la cara colorada
toda fría y achispada
aburre y anida a pies.

Baladí

¿Por qué estás tan distraída?
¡Destruida!
¿Qué es tinta de frescura?
¡Lectura!
¿Hay libros, hojas de febril?
¡Gentil!
Con las letras del marfil
se me agotan las libreras,
al ver la cartilla afuera
¡Destruida lectura gentil!

¿Qué sabes de la locura?
¡Criatura!
¿Te gusta mover la tinta?
¡Qué pinta!
¿Por qué te duele la vida?
¡olvida!

La mañana no va incluida,
con el cuerpo de la pluma
se estira como una espuma
¡Criatura, que pinta olvida!

Sueno inerte
Con tus labios me callaste
¡Cambiaste!
Si tu no fuiste el dueño
¡mi sueño!
¿Y por qué debí quererte
inerte?

No debí intentar tenerte;
pero me perdí a tu lado,
y con tu destino alado
¡cambiaste mi sueño inerte!

Coquí

¿Tu castillo se han llevado?,
atado
¿Tan mal fue que te escondí?,
te vi.
¿Ya sabes que te vendí?
Coquí.

Desde el Caribe te vi,
tu reino se ha terminado,
tu trono está muy cambiado,
atado te vi, Coquí.

Sextillas
Tejiendo amor

"He tejido el amor,
en plumas de ave,
más al mirar tus ojos,
se volvió grave."
"Radiante es el encuentro,
lleno de gozo,
cuando tomé tu mano,
sentí sonrojo.
Espero que la aurora,
me de su llave,
para gritarle al viento,
en nuestra nave."
"Y pensé tantas cosas
en un sollozo,
al abrazarnos fuerte
en aquel pozo".

Hija de la tierra

Tierra, eres madre entre madres.
Como impalpable guardiana,
estoy en ti..., verde Diana,
tu raíz me une al lazo
cubriéndome en un abrazo,
tu ser mi aliento aliviana.

Tierra, eres madre entre madres,
y es mi misión protegerte.
¡Lloro y no quiero perderte!
es el trabajo de todos,
brindarte amor y no apodos,
para evitarte la muerte

Tócate y te tocará

Si aún tienes la salud, ve cuídala,
la vida es la voluntad, ámala
sino la tienes decrétala
¡si no te tocas, hoy empieza!
Si la retas, no tendrás belleza,
¡basta de olvidarte, respétala!

No quiero que con cáncer luches,
hoy solo quiero que me escuches;
"tu cuerpo es un templo y hogar
mas no nido de enfermedad"
¡Revísate con bondad!, actuad,
si al monstruo quieres ahuyentar.

No desafíes a probarlo
y que no te atrape al espiarlo
lucha por tu futuro, tócate;
no te abandones y despalmes,
no seas el nido del cáncer.
¡Amate, y que así no te mate!

Que no te llegue como viento
y te ate la vida y aliento
no vivas de historias de pavor;
oye las voces de tus senos,
trata de revisarte ameno,

¡no desmayes, evita el dolor!

Poema gótico
Versos de ceniza

Recolecté unos versos,
de un vidrio encendido.
Y de donde no acostumbro,
de un cementerio dormido.

En mi andar fugaz y sin desvío,
tomé cenizas y armé poesía,
dejé mis penas fluir de frío
de un vidrio muerto sin cortesía.

Salve, oh tú, lápida serena
al humano cargas sin penas
en esqueleto convierte sus yemas
y tu frialdad tuestas las venas.

Cuán suave reposo de sombras,
sus oscuras ondas enlutas
y con trémulo pavor se postran.
Las rosas lóbregas confusas.

¡Oh qué tristura se respira!
el ronco búho se escucha
¡oh cruel eco, a las almas estiras
y lo despierta en tumbas ocultas!

Sonetos
Versos llorando

Pluma en pena encima del papel,
se complace al mirar la rima rúnica.
Dejando su esqueleto en el cartel,
la seca, la tinta de tristeza única.

Se refina la musa en el rondel
con lo fino y lo suave de la música,
la lira con espectro de pincel
augura las rimas y prúsicas.

Le ordenan publicar ¡ay! su secreto,
sin dirigir la copla petisú;
eso aumentó las lágrimas del dueto.

Atizando la brisa de un libreto
de misteriosos versos en haiku,
llegó a la claridad de mi soneto.

Fenece el soneto

Mutilasteis de golpe mi soneto
y estalla con el nardo la intención;
trae de la tristeza mi cuarteto
dádiva de dolor y compasión.

Anuncia su tristeza mi soneto
y desmaya la pluma ¡compasión!,
lamenta su sonido en algún dueto,
lápiz del esqueleto y corazón.

La razón pende de su verde rama,
y es ofendida por la rima honesta
que se le escapa a la canción funesta.

Funesta va la métrica cautiva
cantando la tristeza del terceto
que acaba de morir en mi soneto.

Amor en el Edén

Las nubes fulgurantes, la dulzura;
las pasiones ardientes, lunas llenas;
deambulantes estrellas que entre penas
perciben, el calor de las figuras,
y hacen latir la piel de la ilusión.

Se aglutinan espumas ya sedientas
de tejer melodías de emoción
y sentir sensaciones avarientas.

Se derriten los besos como un velo
y hay renuentes miradas que se asombran
al estallar amor desde la sombra.

Se perturba el silencio del desdén
con aroma atractivo de un anhelo
que levanta el amor en el Edén.

Metáforas
Amistad

Néctares y aromas:
de colmenas con besos,
de cáliz sin despojos,
de lumbreras lozanas,
en junglas de guitarras,
en sombras de luna,
en destellos de paz,
en torpeza del canasto,
rodean la pradera nefasta
en un alarde de afecto
cuan crepúsculo de amor
infinito, con bocado de la
amistad en matices,
donde idilian mis pasos voladores
en el encanto de la musa.

Se ve la amistad como canto
de la vida y como la columna
del planeta.

Femicidio

Las palabras de un cobarde:
son dardos punzantes
son espinas dominantes
son torturas en cadenas
son de pánico que taladran
son golpes de tormentas
son fantasmas de pánico
son heridas en el ego
son lodo que las hunde
son insultos que rompen
son lazos de culpa
son nubes que atan el alma
son manipulación de sueños.

Mundo, no te vuelvas sordo
taladra el infierno, y para las cicatrices,
congela al culpable atrapa el círculo perverso,
 rómpele las cadenas y libera a las prisioneras
del filo de la espada y del veneno de serpiente,
rescátalas de humillaciones de golpes y de la
muerte.

Mujer, levántate, eres libre, apresúrate,
tú tienes la llave, abre y transita la pesadilla,
derriba miedos y escapa de las barreras.

Cruza tu desierto, despierta y recuerda que la
vida es
el abrazo en el paraíso, pero no el femicidio de tu
autoestima.

La soledad
La belleza de la vida también
se compone de transformar
la soledad;
en desolados sueños
en oír cómo gime el río
en la sutileza del humo
en un camino tornado
en la magia espontánea
en el puente de palabras
en la búsqueda del destino
en tocar lo tibio del alma
en ser cómplice de espacios
en la gruta de la noche
en cocer el eclipse de amor
en divisar olas invisibles
en atar deseos en alas rotas

en oler estrellas en la almohada
en ventana nefastas de rechazo
en la tranquilidad alterada de luna
en la iracunda ruptura de perlas
en el drama de la lluvia
en letras de vigilantes reales
en influir en el alma como viajero
en despojar la vergüenza y dar luz
en darle gratitud a un gato
en conectarte con tus seres amados,
así comprendes que la soledad no existe.

Escaramuza

Se desaparecieron mis sueños:
me olvidé qué es lastimar
me olvidé del olor a mar
me olvidé de los defectos
y me olvidé de lo que escribo.
Todo esto parece un
absurdo olvido, pero salió
de mi mente en una tarde que
me postré frente al mar
estando en mis altas y bajas,
y en una colina sola,
recibiendo el sol,
recibiendo la ventisca

recibiendo el misterio
recibiendo cada pensamiento.
Ahí enredada en la escaramuza,
la que encierra la disputa del
secreto, de cómo debo rascar
el amor en el fondo de la arena.

La poesía

La poesía sede y habla vida
La poesía significa esposos de por vida
La poesía no habla, expresa pasión
La poesía busca, perdona con letras
La poesía es análisis sin espinas
La poesía es origen de gota cristalina
La poesía es nacimiento de horizontes
La poesía conquista, es amor en canto
La poesía es sonrisa de burbujas
La poesía es justicia sin frontera
La poesía es naturaleza de paisaje en
 una esfera.
La poesía es sabor, es fragancia
 que abriga.
La poesía es maquillaje de
 imaginación, en un nido de calma.
La poesía es reposo de jardín de hadas
La poesía es boda de nostalgia

La poesía es un regalo de océano
La poesía es un fantasma de luna
La poesía es alivio para el dolor
La poesía es alas con alma de mariposa
La poesía duerme en pantano de rosas
La poesía piensa y flecha como cupido
La poesía es pincelada de gaviotas
La poesía revive la verbena del colibrí
La poesía abriga el niño de la calle
La poesía cuenta cuentos a los ancianos
La poesía se burla de la huesuda
La poesía hace fiesta en camposanto
La poesía sabe abrazar un corazón
La poesía juega con las estaciones del tiempo.
La poesía hilvana heridas en el túnel
La poesía duerme y sueña que es poema
La poesía lucha en tiempos difíciles
La poesía es alma buena en los senderos
La poesía cruza los milagros del camino
La poesía convierte en paraíso, el cielo
La poesía baña el tiempo con la lluvia
La poesía se desespera cuando el tornasol
se desvanece por el cáncer.
La poesía vence los rayos de una cárcel.
La poesía respira como máquina inteligente.
La poesía llora con el bosque de la libertad

La poesía es eco elegante en las nubes
La poesía es chispa de fineza en la aurora
La poesía es suspiro de la noche
La poesía ahorra sufrimiento con estrellas
La poesía es un deseo y un beso fugaz
La poesía es solución en flores encantadas
La poesía es trinar de luciérnagas
La poesía es enamorarse de la habilidad de un
lucero.
La poesía es poetisa es poeta enamorado
La poesía y tú son uno
Todos somos poesía.

Vuelve

Vuelve en la piedad de la madrugada
Vuelve con el pasado que has ganado
Vuelve con ganas de abrazarme
Vuelve con las fuerzas del crepúsculo
Vuelve en la velocidad de una tarde
Vuelve con la prueba de las mañanas
Vuelve con amor fugaz
Vuelve con las pláticas de pensar en ti
Vuelve una vez, sin olvidarme
Vuelve en el silencio y revive el eco
Vuelve, que al verte me siento especial
Vuelve, eres el centro de mi ser

Vuelve, eres los ojos de mi alma
Vuelve, eres mi amanecer con caricia.
Vuelve que mis besos ya desbordan
Vuelve que no pretendo terminar
Vuelve que quiero estar contigo
Vuelve que de ti estoy enamorada
Vuelve que la distancia solo es rocío,
diciéndome; amor
Vuelve y dime; que nada murió.

El parque del recuerdo
Allí donde cae tormenta de lágrimas
Allí donde todos un día llegaremos
Allí donde todos nuestros huesos dejaremos
Allí donde todos los huesos se juntarán
Allí donde todos amigos se volverán
Allí donde se terminan los miedos
Allí donde las velas tiemblan y la luz se les apaga
pronto.
Allí donde termina la felicidad terrenal
Allí donde las familias te llevan a guardar
Allí donde en las noches ya no tienes temor
Allí donde las razas se llevan en armonía
Allí donde las flores artificiales mueren de miedo
Allí donde las plantas naturales rehúsan estar
Allí donde todos parece que dormidos en paz

están
Allí donde el sueño se vuelve solo un sueño
Allí donde los sentidos pierden la vida
Allí donde los ojos descansan de la injusticia y los oídos
de escuchar hipocresía
Allí donde el corazón se vuelve seco
Allí donde el cerebro se convierte en el escondite de gusanos
Allí donde expiran todos los recuerdos
Allí es donde todas las palabras mueren
en paz.
Los versos solo quedan en la mente de los familiares y amigos.

¡Sólo el nombre en la cruz les distingue
Se duerme el destino en el desierto y la soledad
se disipa en
el parque de los recuerdos!

¡Basta!

¡Basta de sueños vagabundos
Basta de sumergir la paz
Basta de impulsar guerras
Basta de romperle las alas a los niños
Basta de escribir poemas sin sentimientos
Basta de futuros insólitos
Basta de bombas enlazadas en pobreza
Basta de desamparar la naturaleza
Basta de jugar al juego de razas
Basta de elevar a quién debe estar abajo
Basta de niños envenenados con desamor
Basta de humillar al inocente
Basta de tejer al pobre con hombros cargados
Basta de maltratar a los animales
Basta de condenas injustas
Basta de laberintos de políticas rotas
Basta de ensuciar la tierra con sangre
Basta ya, de ver el planeta tierra como un
basurero
Basta que nos tengan en incertidumbre
Basta, somos seres humanos no cosas,
¡Basta ya, dejemos de opacar la belleza y alegría
de nuestro planeta!

Genuinas caricias

Recuerdo esa noche,
que me acuñaste
en tu pecho con
genuinas
caricias.
Me perdí
y repoblé mis sentidos
y partí sin rumbo en
tu oscuridad y con
amabilidad fui
rociando
versos.
Me perdí
en tu cuerpo. Y flotando
en cuclillas del limbo
me vi. Sacudida
por tu pasión
ahí me
perdí.
Me perdí en mí drama,
me cambiaste el
rumbo como
si fueras el
dueño de
mis caricias y no sabes

que, a mí, hasta una
balsa sin agua
me basta.

Enamorada

Enamorada del delicado firmamento
Enamorada de la silueta de mariposas
Enamorada del canto tibio del mar
Enamorada del nácar y su belleza
Enamorada del silencio y sus virtudes
Enamorada del destello de mis retoños
Enamorada de los pétalos del mundo
Enamorada del impulso de un amanecer
Enamorada del romance de mi amor
Enamorada de los rincones sublimes
Enamorada de los paisajes silvestres
Enamorada de los caminos de la noche
Enamorada de celebrar al ritmo del galope
Enamorada de los matices de piedra fina
Enamorada de las vibraciones de quererme
Enamorada del castillo de piedra fina
Enamorada del vuelo del presente
Enamorada de la espesura del sueño
Enamorada de los minutos tupidos
Enamorada de la tranquila realidad
Enamorada al imaginar de cómo crucé la barrera
y llegué a enamorarme de ti.

¿Qué es poesía?

Es el viento que transpira el alma;
son las lágrimas que destila el universo
es la música con pistilos de flores;
son las risas de las olas en el cielo;
es divisar la edad de los labios de un río;
es creer en la existencia de lo que no existe;
es el sueño de mariposas en su capullo;
son los besos tornasoles en una noche de luna
son nubes aterrizadas nadando en el océano
son las caricias escribiendo corazones en un
tronco de ciprés
son letras derritiéndose por el ojo de una pluma.
Es el desmayo de versos en un trozo de papel
es el rayo de sol bañando a las caracolas.
Son las plantas danzándole al cielo.
Son gaviotas reflejadas en la carita de un niño.
Son las rosas que abren sus pétalos rechazando
la pobreza;
son jardines que lloran de injusticia.
Son las historias afiladas en el rostro de un
anciano
es la partida de la aurora cuando se arrastra la
vida;
es el paso que dan las muecas a las metáforas;
son las curvas que iluminan el corazón.

Son pestañas que se abren en los deseos de
sueños y fantasías.
Es el pretérito que aviva los nubarrones;
es la inexistencia de cantos en la tristeza;
es el brillo en los ojos de la felicidad;
es la melodía rogando por la paz.
Son gardenias aromatizando los novios.
Es la estrella que titila vigilando en la alcoba de
los esposos;
es recolectar el aire para armar un soneto
es travesear con las piedras clara de un río
es caminar de la mano con el destino
es el sendero que se trenza en la oscuridad
es el beso que cambia el rumbo de la esfera
es la musa de encantos con lluvia
es recurrir a la voz de la medianoche
es perder la suavidad en la piel de una mascota.
Es recordar cuando la luna entra por el lumbar de
mi mente:
Poesía es la cadena con brazos gigantes que
acaricia el universo.

Para ti mujer

¡Mujer, hemos avanzado de
generación en generación!
Somos valiosas,
somos fuertes y delicadas como una burbuja.
Somos pilar, sonreímos, tenemos un vientre.
Somos libres, no nos detengamos, nosotras
 podemos, celebremos que existimos.

Reflexiona de lo importante que eres, en
este mundo inmerso;
eres mujer y madre que camina firme,
eres alegría y esposa, tienes tu lugar
eres esencial de rostro maternal,
eres noble y tienes la fortaleza y la sabiduría
de una reina,
eres delicadeza y trasciendes desde la ética y a
l universo proteges e iluminas.
Eres guerrera, hermana, hija, madre, esposa y
amiga.
No olvides que nacimos para amar y que nos amen.
Somos reproductoras de amor y bondad.

¡Felicidades a todas las reinas del universo!

Enero silencioso

Inundación, esta lluvia que sopla
a aire y este viento que sopla
a una arpada de lluvia.

Mi cerebro tiene la frescura de una
madrugada con relámpagos serenos que brillan
al resplandecer en la cara.

Escribo en el viento
y en el agua, para saciar mi sed donde descansa
el poeta ilusionado y pinta palabras
que deja en ellas un exceso de cuento enamorado.

No sé de metáforas y sonetos,
sé que mis pensamientos
atraviesan la almohada en fragmentos
y almas de hadas en aprieto.

Dibujo el agua fresca y la piedra suena
como el canto de la fuente que dice; no te
recuerdo
luciérnaga y es que en el enfoque los vientos han
taladrado el canto que ahora instalo y vuela.

Sé que se aferra a la soledad la amargura,

aunque se vea clara o cristalina
en una lluviosa madrugada sin cordura.

Tonifica el oído al escuchar la
presencia y armonía del ruido,
 al suspender una rama que se
 rinde de vieja y polvorienta. No se impiden
la tibia madrugada de un enero silencioso
y afligido.

Vacío mi canto y me apetece ser firme y viajera,
en el necio amuleto de los vientos mañaneros.
Tengo la impresión de que hay una espina clavada
en la leyenda y en los cáusticos corazones
altaneros.
Pero sé que no mirarás ni un suspiro enredado
en la gota de sangre que se derrama
y se despliegan en las madrugadas afiladas,
por eso es por lo que no te veré
cuando camines como burbuja doblada.

Mi pensamiento es de lluvias perladas en un enero
 tibio que se sumerge en juventud dorada, donde
se sacian los caminos y se van desvaneciendo en
la dimensión de la nada o tal vez se abriga en el
horizonte de la inocente alma nublada,
se protegen al darse un baño

y las mariposas se confrontan en el
crepúsculo secreto de antaño.

La exigencia de ayer es desviada con la sorpresa
de un jamás, con las piezas alienas de cuando
llueve un sueño en un encanto imaginario,
que entretiene una bendita ilusión
que no limita la proeza.

Madrigal

En honor a Miguel De Cervantes Saavedra

Le inventaste cuernos a la luna aun siendo
manco.
Fueron tus preñeces de letras que
pariste en un banco.
Obsequiaste tu mano por la
batalla.
Armaste el amor en cadenas de
medalla.
Poeta prolífico en prosas y sonetos de
Sevilla.
Amasaste novelas en la cárcel, siendo una
maravilla.
Con la fuerza y la mancha de la sangre, ya en el
hecho de tu
muerte,
Quisiste hacer tu segundo libro, pero ya no te dio
la
suerte.
Tu trabajo pensil Segismundo y bajo tu
pobreza.
Te comió la vida en tragedia y fraude en la
realeza
Para ti todo gigante se vio enano en el

librejo.
La inspiración enredada fue tu vida, un
ovillejo
Antes de morir pediste la gloria para vivir
eternamente en las mentes sin
llegar a ser un viejo.

Fui tu venus
Primor, campo de olores,
el amor y el perfume de la euforia,
que me hacen recordar la tierna historia
cuando probé tus labios
sumergida en el cándido secreto
de tu aroma repleto,
he sentido la magia de la fuente
de la caricia ardiente,
y entre dulces colores
fui tu venus, hurí de tus primores.
Adrián Alvarado

Este poema es de la autoría de mi amigo:
Adrián Alvarado, que en paz descanse, me lo
escribió por el amor que le tengo a las
mariposas; asimismo me decía: Mariposa, con la
promesa que el día que yo publicara mi primer
libro lo agregara a este poemario, ese fue su
deseo.

El día que te fuiste
¡No fue un día cualquiera,
Mariposa!
Dejaste tu paraíso.
El destino así lo quiso.

Tu triste partida,
sin duda, lacero tu vida.
No sé, si fue justa
o injusta la medida.

Tu hábitat armonioso,
de rebosante algarabía.
Un día se tornó desconcertante,
faltó tu sonrisa bonita,
y tu alegría fascinante.

Surcaste los hermosos campos,
las rosas y los bellos manantiales
lloraron tu partida.
Se percibió en el ambiente
una tristeza sin medida.

Cruzaste las fronteras,
con desesperanza y ansiedad,
ese fue tu reto supremo,
e importando poco
el frío y la temible soledad.

Llegaste a la tierra,
sí, a la tierra prometida
fue tu lucha constante
qué cambió de tajo,
el sentido a tu vida.

Sí que lo lograste
y tu vida cambiaste,
con ilusión y constancia
un valioso mundo forjaste.

Ahora puedes sonreír
con tu mirada hermosa,
Se puede percibir.

Eres autora y poeta,
de un florido y brillante porvenir.

Adrián Alvarado
Derechos Reservados del autor Nacionalidad,
Honduras

Lista de personas que me han seguido, comentado y motivado, a través de las redes sociales.
Como muestra de agradecimiento he decidido anexarlos para que formen parte de este proyecto, que con mucho esfuerzo y aprecio he editado por varios años.

Nombre	*Nacionalidad*
Rosa María Velázquez.	México
Silvio Chicaisa.	Ecuador
Juan Antonio Viego.	Tampa Florida
Nicolas Mendoza.	Mexico
Mery Palma.	Honduras
Hilda Solis.	Honduras
Natalia García F.	Honduras
William Alfredo Q.	Ecuador
Eva Pineda.	Honduras
Dorca Ramírez Pérez	Miami Florida
José Roberto Mejía.	Honduras
Arturo Mendoza.	México
Jose Luis Hernández.	
Lydia Lizardi	Puerto Rico
Tania de Solis	Mexico
Estela Galdames	Honduras

Hector Ricardo Arroyo. S.	Costa Rica
Josie López Herrera.	México
Fatima Farhan.	Chile
Mayra Rosas.	México
Melvin Carbajal.	Virginia
Judith Valentina	Honduras
Virginia Magdariaga. A.	México
Josecito García.	México
Fabian Fernández.	Puerto Rico
Keila Santos.	Honduras
Doris Suazo.	Honduras
Mayra	Israel
Yildis Rosangel Banegas	Honduras
Ana Lucia Goytia.	Argentina
David Serrano García.	México
Dineyla Castro.	Honduras
Yineth Ordoñez Ospina.	Colombia
María Gonzales.	Florida
Alma Montemayor. M.	México
Alberto Ceroni.	Argentina
Liduvina Henríquez.	Honduras
Juan Urbina.	Honduras
Isabel Rodríguez.	Honduras
Alfredo Nuñez. H.	España
Rudy E. Baez.	Puerto Rico
Sandra Mejía	Honduras

Donayil Leiva.	México
Maria Luisa Reaños.	Belice
Alberto Jimenez Moreno.	México
Javier Rios Morales.	México
Juana Ticlla Sempertegui.	Perú
Alvaro Aguilar.	California
Antonio Prieto Rincón.	España
Maria Encarna Álvarez.	España
Juan Diego.	España
Bob Ragati	Sur Carolina
Sandra Henríquez.	Honduras
Yesenia García.	Honduras
Linda Patricia Candanoza.	Colombia
Norma Vlzq Zamora.	México
Antonio Vásquez.	México
Guillermo Isa.	República Dominicana

La mariposa de Siomara

www.ingramcontent.com/pod-product-compliance
Lightning Source LLC
Chambersburg PA
CBHW071311220526
45468CB00001B/335